AF357205

MÉTHODE

DE

PLAIN-CHANT,

AUTREMENT APPELÉ

CHANT ECCLÉSIASTIQUE OU CHANT GRÉGORIEN,

CONTENANT

LES LEÇONS ET EXERCICES NÉCESSAIRES POUR PARVENIR A UNE PARFAITE CONNAISSANCE DE CE CHANT;

Par M. A. Choron.

DE L'IMPRIMERIE DE A. BOBÉE.

A PARIS,

CHEZ COLAS, LIBRAIRE, RUE DU PETIT-BOURBON, PRÈS SAINT-SULPICE.

1818.

MÉTHODE DE PLAIN-CHANT.

EXERCICES DE CHANT.

LEÇONS PRÉLIMINAIRES.

GAMME OU ÉCHELLE DIATONIQUE.

INTERVALLES. 1º. EXERCICES PROGRESSIONNELS.

Uniton.

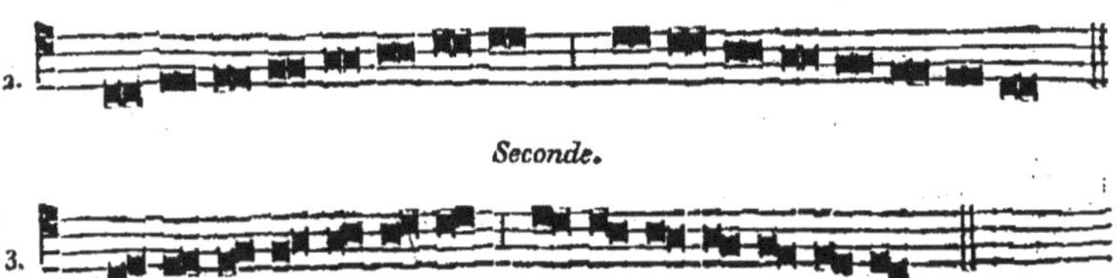

Seconde.

SUITE DES INTERVALLES.

Tierce.

SUITE DES INTERVALLES.

Quartes.

Suite des INTERVALLES.

Quinte.

SUITE DES INTERVALLES.

Octave.

FIN DES EXERCICES PROGRESSIONNELS.

2

SUITE DEŠ INTERVALLES.

Exercices non progressionnels.

EXERCICES SUR LES CLEFS.

Clef d'ut, 3e. ligne.

23. Asperges me, Do- mi-ne, hys-so- po, et mun- da- bor:
la- va- bis me, et su- per ni-vem de- al- ba- bor.
Ps. Mi-se- re-re me- î, De- us, se- cun-dùm magnam mi-se-ri-
cor- di-am tu- am.

Clef d'ut, 2e. ligne.

24. An- nâ la-men tan- te, Ec- ce An-ge-lus Do- mi-ni
As-ti-tit di- cens: An-na, An- na, ex-au-di- vit Do- minus
De- us vo-cem et depre-ca- ti- o- nem tu- am.

Clef d'ut, 1ère. ligne.

25.
Exulta-bo et læ-ta- bor in mi-se-ricor-di-a tu- a,
Do- mi-ne; quo- ni-am respexi- sti humi-li-ta- tem
me- am, salvas- ti de neces-si-ta- ti-bus a- ni-
mam me- am.

Clef de fa, 3e. ligne.

26.
Vo-ta me- a red- dam in conspectu timen- ti-um
Do- mi-num; et a- nima me- a il-li vi- vet, et se-
men me- um ser- vi-et ip- si.

BÉMOL , BÉCARRE , DIÈZE.

27.
Bémol.

28.
Bémol et Bécarre.

29.
Dièze.

30.
Dièze et Bécarre.

TRANSPOSITIONS.

TRANSPOSITION PAR UN BÉMOL.

Clef d'ut, 4e. ligne.

31.
Ant.

O admi-ra-bi-le commer- ci- um ! cre-a-tor gene-ris hu-mani,
ani-ma- tum corpus sumens, de Vir-gine nas-ci digna- tus est,
et procedens ho-mo si-ne se- mi-ne largitus est no-bis
su- am de-i- ta-tem.

Suite des TRANSPOSITIONS.

Clef d'ut, 3e. *ligne.*

32.
Antienne.
Regnum mun- di , et omnem orna-tum sæ- cu-li
contempsi propter amo-rem Do- mi-ni me- i Je- su
Chris-ti. Quem vi- di, quem a-ma- vi, in quem credidi,
quem di- le- xi.

Clef d'ut, 2e. *ligne.*

33.
Antienne.
Cum voca-tus fu-e-ris ad nup-ti-as re-cum-be in
no-vis- simo loco, · ut dicat ti-bi qui te in-vi-ta-vit:
a-mi- ce, ascende su-pe- ri-us et e- rit ti- bi
glo- ri- a coram simul dis-cumbenti-bus, Al-le-lu-ia.

SUITE DES TRANSPOSITIONS.

Clef d'ut, 1ère. ligne.

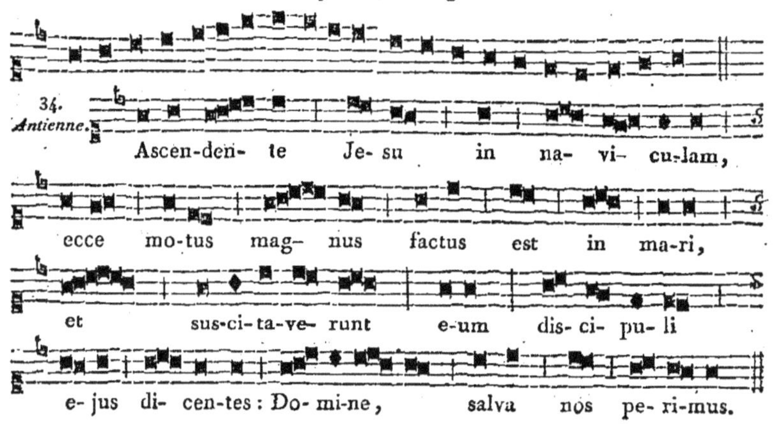
34.
Antienne.
Ascen-den- te Je- su in na- vi- cu-lam,
ecce mo-tus mag- nus factus est in ma-ri,
et sus-ci-ta-ve- runt e-um dis- ci- pu- li
e- jus di- cen-tes : Do- mi-ne, salva nos pe- ri-mus.

Clef de fa, 3e. ligne.

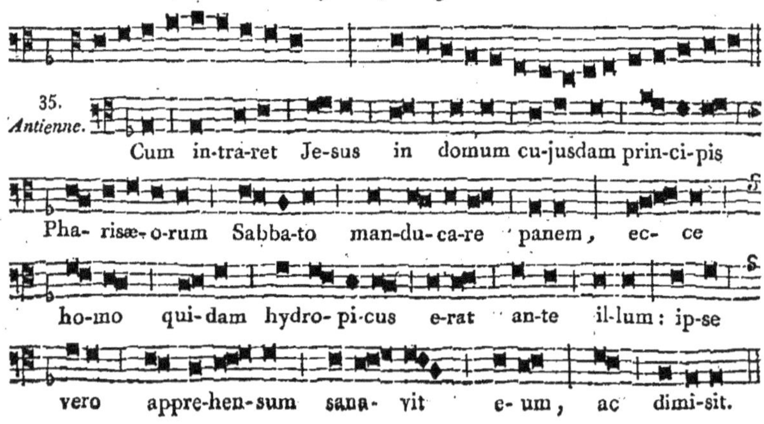
35.
Antienne.
Cum in-tra-ret Je-sus in domum cu-jusdam prin-ci-pis
Pha- risæ-o-rum Sabba-to man-du-ca-re panem, ec- ce
ho-mo qui-dam hydro-pi-cus e-rat an-te il-lum : ip-se
vero appre-hen-sum sana- vit e- um, ac dimi-sit.

SUITE DES TRANSPOSITIONS.

TRANSPOSITION PAR DEUX BÉMOLS.

36.
Antienne.
Mu- li- er quæ e- rat in ci- vi-ta- te peccatrix
at- tu-lit a-la-bastrum unguen-ti et stans retro secus
pedes Do-mi-ni la- crymis cœpit riga-re pedes e- jus
et ca-pil-lis ca-pi- tis su- i ter-ge-bat.

TRANSPOSITION PAR DIÈZE.

37.
Antienne.
Gaudent in cœ- lis a-nimæ sanc-to- rum qui
Chris-ti ves-ti- gi- a sunt se- cu-ti et qui- a
pro e- jus amo- re sangui-nem su- um fu- de-runt
i- de- o cum Chris-to exul- tant si ne fi-ne

MODES DU PLAIN-CHANT.

PREMIER MODE.

38.
Psalmodie.
A
Lauda-te Dominum, om-nes gentes, sæcu-lorum. Amen.
D.
Lau-da- te Dominum, omnes gentes, sæcu-lorum. Amen.
D. j f g e a
æ u o u a e u a e u a e u a e. u a e u a e
39.
Hymne.
A- ve, ma- ris stel- la, De- i ma- ter alma, at-
que sem-per Vir- go, fœ- lix cœ- li por- ta.

DEUXIÉME MODE.

40.
Psalmodie.
A.
Lau-da- te Dominum, omnes gentes, sæcu-lorum. Amen.
D.
Lauda-te Domi-num, omnes gentes, sæcu-lorum. Amen.
41.
Antienne.
Stans à lon-gè pu-bli- canus, no- le- bat o-cu-los
ad cœ- lum le-va-re, sed percu- ti- e-bat pec-tus su-um,
dicens: De- us pro-pi-ti- us esto mi- hi pec-ca- to-ri.

4

SUITE DES MODES DU PLAIN-CHANT.

TROISIÈME MODE.

42.
Psalmodie.
E.
Lauda- te Dominum, omnes gen-tes, sæculo-rum. Amen.
œuouae œuouae œuouae œuouae
43.
Antienne.
Cogno- vit autem pa-ter, qui- a il-la ho-ra e-rat, in
qua di-xit Je- sus: fi- li-us tu-us vi- vit: et
cre- di-dit ip-se, et domus e-jus to-ta.

QUATRIÈME MODE.

44.
Psalmodie.
E.
Lauda- te Dominum, omnes gentes. œu ou a e
œu ou a e œu ou a e œuouae œuouae ae
45.
Antienne.
In fer-ven-tis o- le- i do- li- um missus be- a- tus
Jo-an nes A-pos-to-lus di- vi- na se pro-te-gente
gra- ti- a il- læ- sus ex-i-uit. Alle- lu-ia.

SUITE DES MODES DU PLAIN-CHANT.

CINQUIÈME MODE.

46.
Psalmodie.
Lauda-te Dominum, omnes gen-tes. æ u o u a e
Lauda-te Dominum, omnes gen-tes. æ u o u a e æ u o u a e
47.
Antienne.
Obsecro Do-mi-ne memen-to quæ- so, quo-modo am-
bu-la- ve-rim coram te in ve-ri-ta-te, et in cor-de
perfecto : et quod pla-ci-tum est co-ram te fe- ce-rim.

SIXIÈME MODE.

48.
Psalmodie.
Lau-da- te Dominum, omnes gentes. æ u o u a e
Lauda- te Dominum, omnes gentes æ u o u a e æ u o u a e o u a e
49.
Antienne.
Glo-ri-o- si prin-ci-pes ter- ræ, quomodo in vi- tâ
su- â di-le-xe-runt se, i- ta et in mor-te
non sunt se-pa-ra-ti.

SUITE DES MODES DU PLAIN-CHANT.

SEPTIÈME MODE.

50.
Psalmodie.
Lau-da-te Dominum, omnes gentes. æ u o u a e
æuouae ouae ouae ouae ouae ouae.
51.
Antienne.
Sapi- en-ti- a æ-di-fica-vit si- bi domum, ex-ci- dit
co-lumnas sep- tem, subdi-dit si-bi gen-tes, super-borum et
su-bli-mi-um col- la pro-pri- a vir- tu- te calca-vit.

HUITIÈME MODE.

52.
Psalmodie.
Lauda-te Domi-num, omnes gentes æ u o u a e
G
æ u o u a e æ u o u a e æ u o u a e.
53.
Antienne.
Dum au-ro- ra finem da-ret, Cœ-ci- li- a ex-cla-
ma- vit, dicens: E- i- a, mi-li-tes Chri- sti, abji-ci-te
ope-ra te-nebra- rum, et indu-i- mi-ni arma lucis.

PIÈCES DIVERSES DE CHANT,

EXTRAITES DES LIVRES DE ROME.

Ancien Répons de l'Office de Saint-Nicolas.

54. Ex e- jus tumbâ mar- mo- re- â sa- crum re-
sudat o- le- um, quo li- ni- ti sa- nan- tur
cœ- ci, * Sur-dis audi- tus red- di- tur, et de- bi-lis
quis- que sos- pes re-gre-di- tur. ℣. Ca-ter-
va-tim ru- unt po-pu-li cer- ne- re cu- pi- en- tes
quæ per e-um De- us fa-cit mi- ra-bi- li- a.

Chants divers de Sanctus *et d'*Agnus.

55. Sanc- tus, Sanc- tus, Sanc- tus

Do- mi-nus De- us Sa- ba-oth. Ple-ni sunt coe- li
et ter-ra glo- ri-â tu-â: Ho-san- na in ex-
cel- sis. Be-ne-dic- tus qui ve-nit in no- mi-ne
Do- mi-ni: Ho-san- na in ex-cel- sis.
56. Sanc- tus, Sanc- tus, Sanc-tus Do- minus De-us
Sa- ba-oth. Pleni sunt coe-li et ter-ra glo- ri-â tu- â:
Ho-san- na in ex-cel- sis. Be-ne- dic-tus qui
ve-nit in no- mi-ne Do- mi-ni: Ho-sanna. in
ex-cel- sis.
57. Agnus De- i, qui tol- lis pec- ça-ta mun-di, mi- se-

re re no-bis. A-gnus De- i, qui tol-lis pec-ca- ta
mun-di, mi-se-re- re no- bis. Agnus De- i, qui tol- lis
pecca- ta mun-di, do-na no-bis pa- cem.
58. Ag- nus De- i, qui tol- lis pec-ca- ta mun-di,
mi-se-re- re no- bis. Ag-nus De- i, qui tol- lis pec-ca- ta
mun- di, mi- se- re-re no- bis. Agnus De- i, qui
tol-lis pec-ca- ta mundi, do- na no- bis pa- cem

Introït de Pâques.

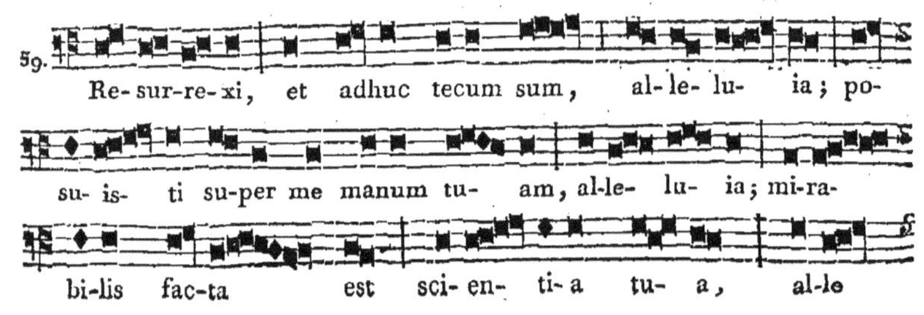
59. Re-sur-re-xi, et adhuc tecum sum, al-le-lu- ia; po-
su- is- ti su-per me manum tu- am, al-le- lu- ia; mi-ra-
bi-lis fac-ta est sci-en- ti-a tu- a, al-le

lu- ia, al-le- lu- ia. Psalmus. Do-mi-ne probasti me et
cog-no-vis- ti me ; tu cogno-visti sessi- onem me-am, et re-sur-
recti- o- nem me-am. Glo- ri- a.

Répons du jour de Noël.

60. Be- a-ta vis- ce-ra Ma- ri- æ vir- gi-nis, quæ por-ta-ve-
runt æ-ter-ni Pa- tris Fi- li-um, et be-a- ta u-
be-ra quæ lac-tave- runt Chri-stum Do- minum, * Qui- a ho-
di- e pro sa-lu-te mun- di de vir- gi-ne nas- ci dig-
na- tus est. ℣. Di- es sanc-ti-fi-ca-tus il-luxit no- bis,
ve-ni-te gen-tes et ado-ra-te Do- minum. * Qui- a
ho- di- e.

Introït du jour de la Pentecôte.

61. Spi- ri-tus Do- mi-ni re-ple- vit orbem ter-ra-rum, alle-
lu- ia, et hoc quod con- tinet om-ni-a sci-en-ti-am ha-
bet vo-cis; al-le- lu- ia, al- le-lu- ia. al- le- lu- ia.
Psalmus. Exurgat De-us et dis-sipentur i-ni-mi- ci e- jus, et
fugi-ant qui oderunt e-um à fa-ci-e e- jus. Glo- ri- a.

Répons du jour de Noël.

62. Ver- bum ca-ro factum est, et ha-bi-ta- vit in
ño- bis * Et vi- dimus glo-ri-am e- jus, glo- ri-am
qua- si U-nige-ni-ti à Pa- tre, ple-num gra- ti-æ, et

ve-ri- ta- tis. ℣. Om- ni-a per ipsum facta sunt,
et si-ne ip-so factum est ni- hil. * Et vi-
dimus.

Répons du jour de Pâques.

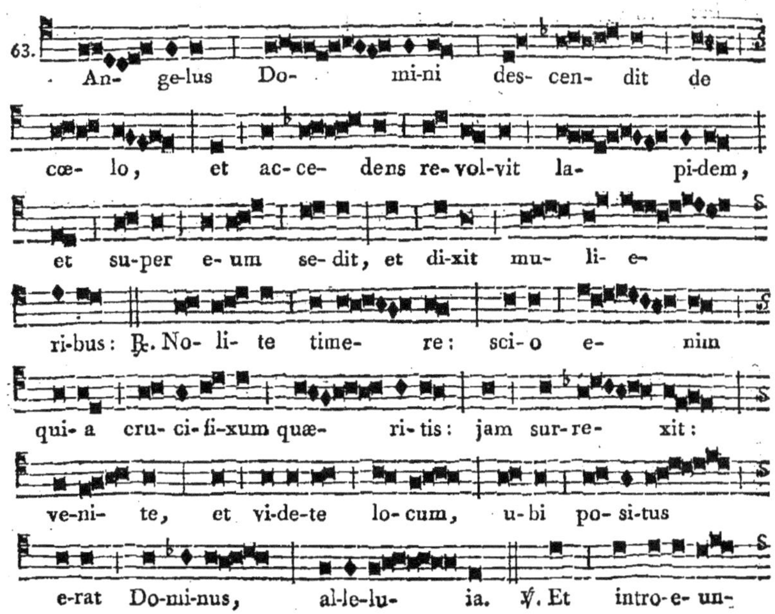

63. An- ge-lus Do- mi-ni des- cen- dit de
cœ- lo, et ac-ce- dens re-vol-vit la- pi-dem,
et su-per e- um se- dit, et di-xit mu- li- e-
ri-bus: ℟. No- li- te time- re: sci-o e- nim
qui- a cru-ci-fi-xum quæ- ri-tis: jam sur-re- xit:
ve-ni- te, et vi-de-te lo-cum, u-bi po- si-tus
e-rat Do-mi-nus, al-le-lu- ia. ℣. Et intro-e-un-

tes   in monumentum,   vide-runt ju- venem sedentem
in dextris, co-opertum sto-lâ candi-dâ, et   obstupu- e- runt:
qui   di- xit   il-   lis.. ℟. No- li- te. ℣. Glo- ri-
a   Pa-tri, et Fi-- li- o,   et Spi-ri-   tu- i .
san-   to.   An-   ge-lus.

Répons du jour des Rameaux.

64.   Col-   le-   ge-   runt
Ponti-   fices et Pha-ri-sæ-i con-   ci-   li-um,
et di-   ce-bant: Quid fa- cimus,   qui-a hic
ho- mo mul-ta si-gna fa-   cit, si di-
mit-timus   e-   um sic, om-   nes cre-   dent in

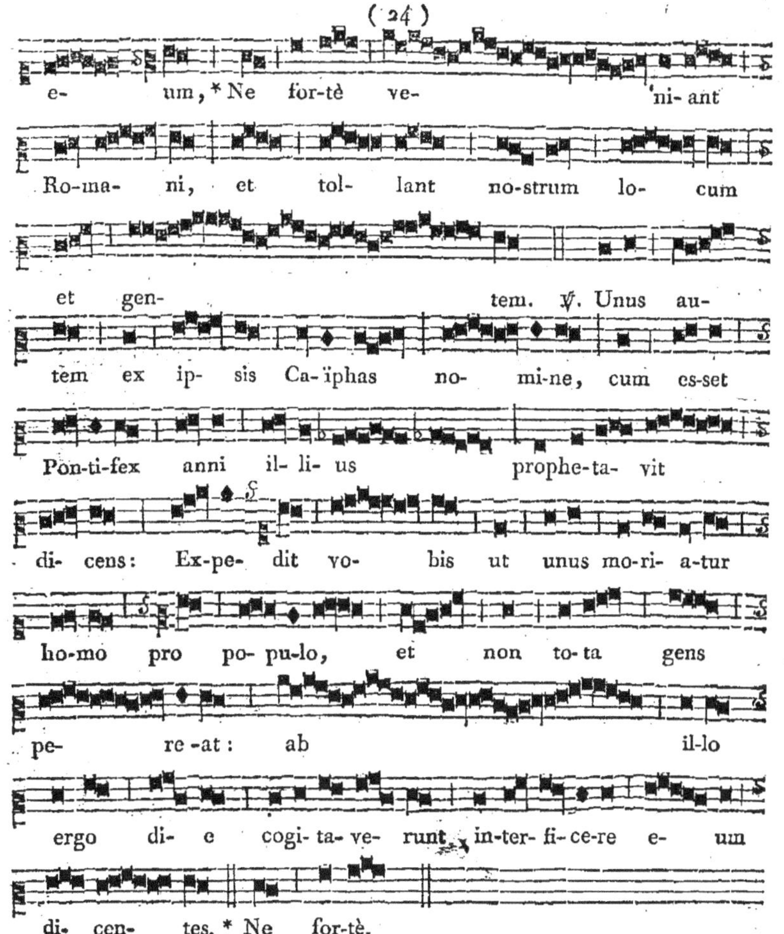
e- um, * Ne for-tè ve- ni- ant
Ro-ma- ni, et tol- lant no-strum lo- cum
et gen- tem. ℣. Unus au-
tem ex ip- sis Ca-ïphas no- mi-ne, cum es-set
Pon-ti-fex anni il- li- us prophe-ta- vit
di- cens: Ex-pe- dit vo- bis ut unus mo-ri- a-tur
ho-mo pro po-pu-lo, et non to-ta gens
pe- re -at: ab il-lo
ergo di e cogi-ta- ve- runt in-ter-fi-ce-re e- um
di- cen- tes. * Ne for-tè.

FIN DES EXERCICES.